NA BUACHAILLÍ BÁNA

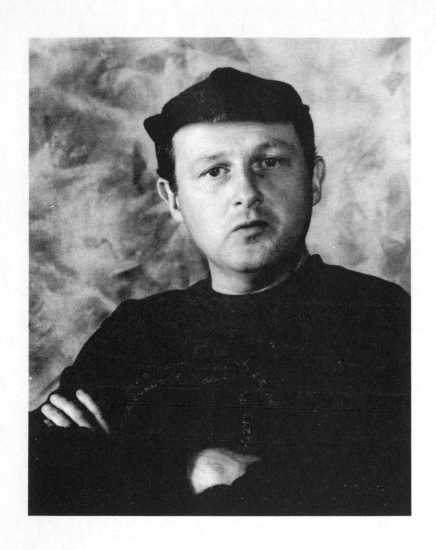

(Pic. le Leon McAuley)

NA BUACHAILLÍ BÁNA

CATHAL Ó SEARCAIGH

Cló Iar-Chonnachta
Indreabhán, Co. na Gaillimhe

An Chéad Chló 1996
An Dara Cló 1997
© Cathal Ó Searcaigh / Cló Iar-Chonnachta, 1996

ISBN: 1 874700 99 0

Deimhnítear ceart morálta an údair.

Clúdach: *"Dúiseacht"* le Magnus Enckell
le caoinchead ó Gailearaí Náisiúnta na Fionlainne, Helsinki

Faigheann Cló Iar-Chonnachta Teo.
cabhair airgid ón gComhairle Ealaíon

Clóchur: Cló Iar-Chonnachta, Indreabhán, Co. na Gaillimhe
Teil: 091-593307 Faics: 091-593362

Clóbhuailte in Éirinn

Do William,
mo chara i gcéin,
an leabhar seo

Ma bhíonn tú liom
  Bí liom os comhair an tsaoil;
Bí liom gach orlach de do chroí.

Ba mhaith liom buíochas ó chroí a ghabháil le leabharlann úr na contae i
Leitir Ceanainn a thug coimisiniú domh leis an dán
Gort na gCnámh a scríobh.

Foilsíodh cuid de na dánta seo ar Comhar, An tUltach, Fortnight,
Innti, The Honest Ulsterman, Poetry (Chicago), Gay and Lesbian
Visions of Ireland; A Crazy Knot (Seacourt Print Workshop);
The Birth of Seosamh Finn (The Old Museum, Belfast).

Clár

Na Buachaillí Bána

I bhFianaise na Bé

Gort na gCnámh

Scaradh

Nótaí

NA BUACHAILLÍ BÁNA

Permit me voyage, love, into your hands
-Hart Crane

A Chavafy, a Chroí

Cheiliúraigh tusa an grá seo i do dhánta
Gan scáth folaigh, gan eagla. Ar feadh blianta
Cheiliúraigh tú bogstócaigh do shamhlaíochta
I do chuid filíochta: buachaillí bána an cheana
Lena ngéaga téagartha is a mbeola maotha meala
Ag imirt a mbáire baoise ar léana do leapa
Go háthasach. Ach anseo i gCloich Cheann Fhaola
Agus an mbeifeá ag súil lena athrach-
Tá an Grá Gréagach mínáireach, mínádúrtha:
I nDuibhlinn, i nDroim na Tineadh, i Máigh Ratha
I gCaoldroim, i gCollchéim agus i mBaile an Átha
Níl ann ach ábhar magaidh agus masla.
Ach a Chavafy, neartaigh, neartaigh m'fhocla!
Ná lig daofa imeacht ar fán
Ina gciflí ceo a chaillfear go deo
I ngleannta gaofara seo na gcnoc
Idir an tArd Ramhar agus an tÉadan Bán:
A Chavafy, buanaigh iad i mo dhán.

GEASA

Tráthnóna teann teasbhaigh
a bhí ann i ndeireadh an earraigh
agus bruth na hóige i mo chuislí;
an sú ag éirí i ngach beo
agus bachlóga ag broidearnaigh
ar ghéaga na gcrann fearnóige
taobh liom. Mé ag amharc ina treo,
ag cúlchoimhéad uirthi go faillí
fríd scoilt i gclaí an gharraí;
í tarnocht agus ar a sleasluí,
caite síos ar sheanchuilt bhuí;
faobhar na hóige ar a cuid cuar
agus í ag dúil na gréine le cíocras;
a cneas chomh glé ...
                    le béal scine.

Mé easnamhach
ar an uaigneas
measc cloch
                    gan seasamh
                    san uaigneas
                    measc cloch.

M'easnamh mar mhiodóg
ag gabháil ionam go putóg
nó tuigeadh domh go hóg
agus go grod ... gan ionam
ach buachaill ar a chéad bhod
nach ndéanfadh meallacht mná
fíoch agus flosc na féithe
a ghríosadh ionam go bráth;
is nach síolrófaí de chlann
do mo leithéidse choíche
ach cibé clann bhéag bhearsaí
a shaolófaí domh san oíche

as broinn mhéith na Béithe;
is ba mhór an crá croí domh
na geasa dubha draíochta
a leagadh orm go síoraí
as féith seo na filíochta.

Ach tráthnóna teann teasbhaigh
a bhí ann agus bruth na hóige i mo chuislí;
ag breathnú uirthi, ag baint lán
mo dhá shúl, as a corp álainn, éadrocht,
chan ise a bhí romham sínte,
chan ise a bhí mo ghriogadh
ach bogstócach mo shamhlaíochta
agus é 'mo bheophianadh ...
Ach b'fhada go gcasfaí orm é ina bheatha,
b'fhada go bhfaighinn sásamh
óna chneas álainn fionnbhán,
óna chumthacht tharnocht
ach amháin ...
    i mo dhán ...

SCEITSE

Cinnte! tá a chosúlacht anseo agam
ceapaithe go cruinn, sa líníocht bheag pinn seo
a bhfuil an dath ag síothlú as ...

Sceitseáilte go tapaidh i gcóipleabhar scoile
maidin Dhomhnaigh i dtús an tsamhraidh
is muid ag trasnú go Toraigh ó ché na nDúnaibh.

Scéimh na gréine ag aoibhniú muir agus tír;
é 'na shuí le mo thaobh i ndeireadh an bháid,
aoibh an aingil ar a aghaidh óg álainn

Agus é ag féachaint anonn ar shléibhte Thír Chonaill,
glébhuí agus gléineach faoi sholas na bhflaitheas:
nach é a bhí gnaíúil? I bhfad Éireann níos gnaíúla-

-Anois is mé á thabhairt aríst chun mo chuimhne-
ná an aghaidh bhocht snoite seo ceapaithe sa sceitse,
anois is mé á thabhairt aríst-aríst as m'óige ...

Stad! Tá an aois ina luí ar na rudaí seo ar fad
an stócach, an sceitse, an seanbhád ...

RÚNSEARC

Agus fiú mura dtig liom trácht ar an té atá le mo mhian,
mura dtig liom a chuid gruaige, a shúile, a bheola a lua i gcomhrá,
mura dtig liom a chuid áilleachtaí a chanadh os ard
faoi mar is dual don té atá i ngrá;
beidh a aghaidh, atá i dtaisce i mo chuimhne,
a ghuth atá ag cuisliú i mo chéadfaí
na tráthnónta fómhair úd, atá ag buíú i mo bhrionglóidí;
beidh siad anois agus i dtólamh
ag tabhairt blais agus bolaidh do mo bhriathra
is cuma cén smaointeamh a nochtaim, is cuma cén dán a chumaim.

AN GHUALAINN GHORTAITHE

Ghortaigh sé é féin, adúirt sé, ar pháirc na peile
ach bhéarfainn mionna go raibh fáth éigin eile
leis an chneá ina ghualainn, an brú dubh faoina shúil ...
Nuair a thigeadh mearadh ar an athair chnagthaí eisean
dá mbíodh sé i láthair agus ruaigthí an mháthair as baile.

Agus é 'na sheasamh ar a ladhra, ag síneadh ar leabhar
os a chionn ar an tseilf; leabhar fá Ghaoth Dobhair
ar chuir sé sonrú ann—bhí spéis aige sa stair—
ach leis an oibriú a bhí faoi scaoil sé an cóiriú
a bhí curtha ar an ghortú agus tháinig sileadh beag fola.

Rinne mé suas go húr é, ag glacadh m'ama leis an ghlanadh,
ag moilliú ar an chréacht, á cuimilt go cúramach le hungadh,
baineadh cnead nó dhó as ach d'fhan sé faoi mo lámh gan bogadh.
B'aoibhinn liom a bheith ag friotháladh air, ag féachaint a cholainn
seang álainn, ag éisteacht le suaitheadh agus suaimhniú a anála.

Nuair a d'imigh sé, d'aimsigh mé os coinne na cathaoireach
cuid den tseanchóiriú, bratóg bheag fhuilteach;
ba chóir a chaitheamh sa tinidh láithreach:
ach d'fháisc mé le mo bheola é le dúil agus le grá
agus choinnigh ansin é ar feadh i bhfad; fuil an té a b'ansa liom thar chách ...

fuil the a chroí ag deargadh mo bheola ...

AG NA PIOCTÚIRÍ AR NA CROISBHEALAÍ

Sa chúl a bhí muid, cúpla suíochán óna chéile sa chéad ró.
Cha raibh an scannán ach i ndiaidh toiseacht, na credits tosaigh
ag teacht aníos ar an scáileán nuair a thaobhaigh sé i mo threo
go teanntásach; é scioptha scuabtha ina chulaith úr Dhomhnaigh.
Ba siúd gnúis a dhúiseodh díogras agus dúil ionam gan aon stró
agus char dhiúltaigh mé don chathú nuair a dhlúthaigh sé liom go teasaí
agus leis an tiomáint siúil a bhí faoi níor thúisce thíos ná thuas é:
Saibhseálaí séimh an tsómais a ghriog mé agus a shlíoc mé ...
agus i gcuinge chruaidh an tsuíocháin úd char spáráil sé a chnámha
ach é á dhingeadh féin go dithneasach aníos isteach i mo lámha.
Tús an tsamhraidh a bhí ann. Cha raibh ag na pioctúirí ach páistí is a
          dtuismitheoirí
agus bhí siadsan sáite sa scannán, strambán de scéal fá chailleacha dubha;
ach ba chuma linne, cha raibh greim nó guaim le coinneáil ar ár gcéadfaí
ach muid ag dul i dtámh le háthas, ár n-anáil ag teacht ina seideogaí tiubha;
cha raibh teannadh ar chúl ná ar aghaidh againn ach snámh le brúcht
          an tsrutha,
agus leá chúr na habhna ag imeacht le fána a tháinig ar ár dtocht ceana:
an oíche sin ag doras an Astor gan slán nó sméideadh, thug muid ár gcúl ar a
          chéile choíche go deo.

Ach in ainneoin go dtig caitheamh i ngach ní le himeacht is le hídiú na
          mblianta;
in ainneoin cluain agus cealg na cuimhne agus maolú nádúrtha m'inchinne
I gcónaí, tá an aghaidh chaol álainn sin agus úrghéag chruaidh a cholainne
mar a bhí siad an oíche Dhomhnaigh úd i dtigh na bpioctúirí ar na
          Croisbhealaí
saor ó bhaol i mo bhrionglóidí agus anois i ndiaidh trí bliana fichead ar fán
i mo chloigeann tá dídean faighte acu i ndán ...

FIOS

Dálta an damháin alla sa chlaí
ar dhearc muid air an lá úd
ag fí ghréasán a shaoil as a phutógaí,
tuigeadh domh anocht
agus mé ag éisteacht leat ag eachtraíocht
gur as do mhagairlí
a fhíonn tusa, a chroí,
gréasán do shaoil: do mhoráltacht.

CAILL

'Tá muid na mílte míle óna chéile anois.'
Féachann tú orm go fuarchúiseach, faoi
mar gur chuma leat mé bheith ann nó as.
Tá an ghile ag imeacht as do ghnaoi ...

'Caidé atá contráilte? Abair amach é!'
Ach ní thugann tú aird ar bith orm.
'Ar son Dé labhair, labhair liom, a Jó'
ach greadann tú leat i do ghluaisteán gorm.

Glaoim ort in ard mo chinn is mo ghutha
i ndúil is go gcasfá aríst fá mo choinne.
Screadaim! Béicim! Croithim mo lámha
ach imíonn tú as amharc ag Corr na Binne.

Rómhaith a thuigim anois caill an té
a bheadh tréigthe ar oileáinín aduain
ag amharc ar long ag torannú thairis
is gan ar a chumas breith ar an uain ...

GORM

Buachaill breá, b'álainn a ghné agus é i mbláth na hóige.
As Doire, bhí sé ar saoire carabháin ar thrá an Fhálcarraigh.
Chuaigh muid araon, lá amháin, ar siúlóid sléibhe go Loch na mBreac Beadaí;
Muid ag gleacaíocht lena chéile go pléisiúrtha agus ag déanamh spraoi
fá na túrtóga fraoigh agus fá na hísleáin siar ó Abhann Mhín a'Mhadaidh.
Bhí a chraiceann grianghortha cumhra le mús na raideoige
an tráthnóna Domhnaigh úd i dtús na Lúnasa, más í Lúnasa a bhí ann i ndáiríre
is nach bhfuil siabhróga seachráin ag teacht ar mo ghéire.
Agus a shúile! Á dá bhféadfainn a dtabhairt aríst chun léire
i ndiaidh sé bliana agus fiche de dhíchuimhne agus de dhearmad;
ach a Dhia nach raibh mé fa fhad méire daofa agus muid spréite sa luachair.
Gorm a bhí siad, nach ea? 'Sea go deimhin! Gorm uisce fómhair faoi
    ghléaradh na spéire.
Ní léir domh go bhfaca mé a leithéid de ghoirme i nduine ó shin:
Locháin ina raibh éisc a mhéine le feiceáil ag léimtígh le pléisiúr.

TEAS

Seilide: Á tharraingt féin fríd an fhéar—
Rian glé glóthaí
ar bholg seang an stócaigh.

OÍCHE

Cha raibh ann ach seomra beag suarach
i gceann de lóistíní oíche Shráid Ghardiner;
coincleach ar na ballaí, na braillíní buí agus brocach;
gan le cluinstin ach ochlán fada olagónach
na cathrach agus rúscam raindí na gcat
ag déanamh raicit i mboscaí bruscair an chlóis;
ach ba chuma agus tusa, a rún na gile, sínte ar shlat
do dhroma, ar cholbha na leapa agus gan tuinte ort ...

Agus tú ag dlúthú liom go docht, d'aoibhnigh do gháire
salachar an tseomra agus smúid oíche na sráide,
agus ansiúd ar sheanleabaidh lom na hainnise, bhí tú liom,
go huile agus go hiomlán, a ógánaigh chiúin an cheana.
Ansiúd ar an tseanleabaidh chruaidh, chnapánach úd
agus domboladh an allais ag éirí ón éadach tais,
bhlais mé do bhéilín ródheas, do bheola te teolaí,
a chuir an fhuil ar fiuchadh ionam le barr teasbhaigh ...

Bhí gach cead agam, an oíche úd, ar do chaoinchorp caomh;
ar ghile cúr séidte do bhoilg; ar do bhaill bheatha
a ba chumhra ná úllaí fómhair 'bheadh i dtaisce le ráithe;
ar mhaolchnocáin mhíne do mhásaí, ar bhoige liom go mór iad
faoi mo láimh, ná leithead d'éadaigh sróil, a mbeadh tomhas
den tsíoda ina thiús ... Anois agus mé 'mo luí
anseo liom féin i leabaidh léin an díomhaointis
tá mé ar tí pléascadh aríst le pléisiúr ... le tocht

ag cuimhneamh ortsa, a ógánaigh álainn, deargnocht
a d'aoibhnigh an oíche domh ... ocht mbliana déag ó shin, anocht.

BUACHAILL

Buachaill dea-chumtha—
A thóin teann leis an bhalla:
Méanar don bhalla.

DEALBH

Dealbh an tsaighdiúra óig—
Sa dorchadas, sleamhnaím mo lámha, síos,
síos thar a leasracha.

SÚIL SOLAIS

An nóinín úd sa chúlsráid
a ghealaigh chugam go croíúil
as scoilt bheag sa tsuimint
agus mé ag gabháil thar bráid

Cha raibh ann ach é féin
ar chiumhais an chosáin
ag beannú domh lena ghileacht
tráthnóna agus mé i gcéin

Thóg sé mo chroí
an tsúil solais úd
a chaoch orm go ceanúil
i gcathair na gcoimhthíoch

Tá an t-amharc sin taiscithe
i gcuideachta an chinn eile—
an chéaduair a las do shúilse
romham le grá ceana agus gile.

GRIAN AN TRÁTHNÓNA

An seomra seo, caidé mar a dhearmadóchainn é?
Anois tá an ceann seo is an ceann béal dorais
tógtha ar cíos ag lucht árachais.
Tá an teach ar fad ligthe amach
le gruagairí is le gníomhairí is le geallghlacadóirí.

An seomra seo, ba doiligh a dhearmad le mo bheo,
istigh i m'aigne, tá sé greanta go deo.

Anseo, díreach anseo os comhair an dorais, bhíodh
tolg bánbhuí, brat urláir ón Tuirc spréite lena thaobh.
Os a chionn ansin, bhíodh seilf faoi cheirníní
agus faoi shoithí cré.
Ar dheis, ach chan é, chan é ar chor ar bith
ach anseo ar chlé
bhíodh cófra tarraiceán agus 'na shuí air,
an scathán mór bréag-órga glé.
Anseo i lár háire, an tábla is é breac lena chuid scríbhinní,
agus anseo le hais na tineadh
na trí cathaoireacha caolaigh
a cheannaigh sé ó na tincléirí.
Ansiúd thall, ar aghaidh na fuinneoige, an tseanleabaidh:
'na luí ansiúd, snaidhmithe ina chéile, san oíche,
gheall muid grá a thabhairt dá chéile, choíche.

Tá a raibh istigh anseo, déarfainn, caillte;
a chuid trioc go léir, scaipthe soir siar, dumpáilte.

Ansiúd thall, ar aghaidh na fuinneoige, an tseanleabaidh:
luíodh grian an tráthnóna uirthi i gcónaí.

Tráthnóna amháin Samhna, ar bhuille a trí,
scar muid ar feadh seachtaine,
seachtain bheag amháin, adúirt muid, a chroí;
ach mo chrá
cha dtáinig deireadh leis an tseachtain sin ariamh
is cha dtig anois go brách.

[27]

DEORAÍOCHT

... slogtha gan iomrá
i gcraos alpach na cathrach:
amharc air anseo
ag streachlánacht thart gan treo
sna sráideacha suaithní seo
sa ghleo gháifeach seo;
doirse an doichill,
á ndruid roimhe is ina dhiaidh:
glas-stócach an tsléibhe
ar strae i dtoitcheo na cathrach.
Is fada leis an bealach
ó inné go dtí amárach
is gan aige le seal
ach ón lámh go dtí an béal
is gan duine ná deoraí
a thógfadh cian dá chroí
sna slóite coimhthíocha seo.
É sa tsiúl go síoraí
ag cuartú an chairdis
nach bhfaighidh sé choíche
is ag teitheadh san oíche
go tearmann an tsuaimhnis
istigh i bhfásaigh sléibhe
a shamhlaíochta, agus ansiúd
san áit is uaigní ina chroí
ag cur snasa ar a sheanchuimhní;
ag déanamh dánta as a dheora deoraíochta.

Agus é sa tsiúl mar is gnách
cé acu i dtráth nó in antráth
tchíonn sé iad ag stánadh air
ó chúl-lánaí caocha agus ó leithris liatha;
súmairí airceacha na sráide,
a gcuid súl ag titim air
mar shúistí, is iad ag santú

lí is bláth a bhreáthachta
lena gcraos a shásamh;
ach deis a fháil, dhéanfadh siad an buachaill a shú as
ó chnámh go smior is
ó smior go smúsach
gan a n-aithne a ligeann leis.

Bogann sé leis anois
go mall is go fadálach;
ciaróg bheag bhocht an anáis
i ngráscar beatha
le seangáin séirseacha an déanfais;
ag malartú físe
ar thláman baoise;
ag coraíocht in aghaidh an tsrutha;
ag fiodóireacht dánta
go tútach, go tochtach
ar sheansheol na Cumha.

ANGHRÁ

Char nigh mé, char ghlac mé folcadh le dhá lá—
Tá cumhracht fholláin do chraicinn, a ghrá,
ag éirí ó mo chorp go fóill, ó mo lámha.

⚓

Mo dhá láimh ar chuar do thóna—
Os ár gcomhair, grian an tráthnóna
ag muirniú mhaolchnoic na Ceathrúna.

⚓

A chroí, d'imigh tú uaim ag deireadh an tsamhraidh ...
ach i gcófra an éadaigh, dlúite suas le mo chuid féin
tá na brístí beaga a d'fhág tú i do dhiaidh i mo leabaidh ...

BUACHAILL BÁN

A bheith i ngrá le fear:
Sin scéal nach bhfuil na focla agam go fóill
lena insint, lena rá
amach os ard, sa dóigh nach mbeidh sé 'mo chrá.

Ba mhaith liom
teangaidh a thabhairt don tost seo
a thachtann mé;
a phlúchann mé achan lá.

Anseo, agus mé sa chisteanach cúil,
amantaí, tosaíonn timireachtaí an tí
ag éirí páistiúil, leanbaí,
ag scairtigh ar Mhamaí ...
Amharcann an tábla orm go truacánta,
a aghaidh shleamhain smeartha le salachar.
Tosaíonn na soithí is na sciléidí
ag clabaireacht is ag slapaireacht sa sinc.
Bíonn an t-urlár 'na chac ...
a chuid bristí ar crochadh leis
is é ag sciorradh thart gan bhac.
Chan amháin go mbodharann an citeal mé,
cuireann sé bior go beo ionam
nuair a thosaíonn sé ag cnagaireacht
amach go fuarchaointeach
a chruacheol miotalach.

Agus in antráth na hoíche
tig sé chugam lena ghrá,
lena mhian a fháil go lá, de shuáilcí m'óige.
Cuachann sé suas i m'ucht, brúnn isteach i mo theas.
Santaíonn sé an tseascaireacht
a éiríonn ina ghal ó mo chneas;

Agus sa tséimhíocht seo
cailleann sé a thoirt is a thoirtéis
agus mé ag dlúthú leis
i bhfeis leapa agus láimhe;
agus mé ag leathnú amach go míorúilteach
'mo fharraige mhór tharraingteach
ag fáiltiú roimh an long seo
a thig i dtír i gcuan an tsuaimhnis
lena lód dóchais ...

Mise anois an port, an caladh cosanta,
an leabaidh ancaire
a thugann dídean agus scáth—
an port ina dtéim féin as aithne
i bpoll duibheagáin
is nach dtuigim cén fáth.

A MHIANTA M'ÓIGE

Taraigí agus glacaigí seilbh orm, a mhianta m'óige.
Le bhur mbriathra míne cealgaigí mo cheann críonna, le ceol fuiseoige
bhur ndíograise, cuirigí meidhir mearaidh fá mo sheanchroí támh.
Taraigí nuair a dhúisíos cuimhní na colla
nuair a chuislíos griofadach teasa ar fud na fola
nuair atá gach ball de mo bhallaibh ag dúil le dáimh ...

Taraigí chugam mura mbeadh ann ach cuairt reatha:
in uaigneas na hoíche nuair a chuimhníos cneas agus cnámh
ar shnaidhmeadh agus scaoileadh géag, ar bhoige mhaoth a bhéil ...
Ansin, a mhianta m'óige, tabhair céad réime do mo chéadfaí.
Bíog agus beoigh gach féith! Griog agus gríos! D'aonlámh
cuimilimis smearadh seileoige as na baill bheatha ...

I bhFIANAISE NA BÉ

An open space to move in with the whole body, the whole mind.
                                                    -Gary Snyder

AN DUIBHEAGÁN

Maidin agus an solas ag síneadh isteach ón tsáile;
   amuigh ansiúd
tá an duibheagán ag drannadh le lucht snámha:
   iadsan atá sa tsiúl
ar bhóthar na trá, cé acu de choiscéim righin
   nó sínte chun reatha
baintear stad astu láithreach, baintear siar astu go léir
   nuair a thiontaíonn siad
coirnéal cheann na sráide. Rompu, faoi scáth na gcrann
   tá scaifte béalscaoilte
ag stánadh i dtreo na spéire ar an té atá ag brath léim
   a bháis is a bhasctha
a thabhairt ó spuaic ghrianghortha na hArdeaglaise.

Tá 'n duibheagán ag drannadh leis, an scaifte ar fad
   ag feitheamh leis.
Níl le déanamh aige ach an cinneadh, a sciatháin
   a leathnú, léim
a thabhairt, snámh sa ghaoth, imeacht i bhfeachtaí
   fiala an aeir
thar Alltar. Tá an lá caoin le cách, ceo teasa ag éirí
   ó dhíonta agus ó linnte,
borradh i ngach beo. Chan tráth báis é seo, mheasfá, ach
   a mhalairt, tráth fáis.
Stánann siad in airde, slua de choimhthígh agus de chairde,
   téad teann tuisceana
á dteannadh i bpáirtíocht na péine, a mbrú gan trócaire
   i mbuairt na díomuaine ...
Tá siad ar fad ina n-aonaráin, lom lag ina láthair féin:
   Ag stánadh airsean
ansiúd ar an airdeacht, tá siad ag stánadh ar an duibheagán
   atá thíos iontu féin;

An duibheagán atá ag drannadh leo aníos as na híochtair
    go diabhlaí dúshlánach
is a gcur as a meabhair. Tá mearbhlán ag teacht ar an iomlán,
    gafa i ngad a gcinniúna,
níl i gcaint, i ngeáitsí, i ngnoithe reatha, i mbrealsúnacht
    bhocht a mbeatha
ach scáth cosanta agus gleo. Tá 'n duibheagán ag drannadh leo.
Tá sé ag dul as a chiall. É bainte dá threo, i marbhántacht
    mheathbheo an mheánlae.
I dtobainne tá cinneadh déanta dó. Ní beo leis a bheo níos mó,
    léimeann sé i ndiaidh a chinn,
léimeann sé as a chabhail chráite. Tá sé ag sciathánaíocht
    san aer, ag snámhthitim
chun a bháite idir an saol agus an tsíoraíocht. Tá na soilse
    ag athrú ag ceann a bhealaigh,
tá trácht ag brostú chun tosaigh, tá an beart déanta,
    bomaite na buile thart.
Ligtear racht faoisimh. Tá scamaill cheatha ag cruinniú
    os cionn na mara.
Thig leo tiontú aríst ar a mbeatha, ar thír na mbeo.
    Beidh achan rud ceart.
Tiocfaidh siad slán ach fanacht ar shiúl ón duibheagán.

SCREAD MHAIDINE

Éist! Seo mé ag caint leat
a mhochmhaidin ghlé
ó fhuinneog smálaithe an tí seo, is mé ag iarraidh
mo pháirtse a shoiléiriú i suaraíocht
bhréan na beatha:
      Ach cá bhfios nach bhfuil ionat ach scáth,
bomaite reatha a chealófar
ar ball go brách
nuair a bhéarfad m'aghaidh ar an tsráid
ar strae mar is gnáth
i gcaoinsolas soiléir do shúl.

INSOMNIA

Nuair a bhí spideog an tsuain
Ar tí neadú
I mo shúile

Chonaic sí na fabhraí
Is d'eitil ar shiúl,
Ar eagla go gceapfaí í.

NUAIR A BA GHNÁCH LIOM LUÍ LE MO
THUISMITHEOIRÍ

Bhíodh mo thuismitheoirí ag iarraidh codladh
nuair a déarfainn leo i dtólamh
go raibh an leabaidh faoi dhraíocht
is go raibh sí ag imeacht de rúide reatha trasna na spéire;
is ar ócáidí den chineál seo
bhíodh réaltóg ag spréacharnaigh leo
fríd fhuinneog an tseomra leapa;
a gcara sa chosmos
a dtreoraí fríd an dorchadas.
'Joe,' a déarfainn leo—
mo dheartháirín a fuair bás
is a bhí ansiúd ar an uaigneas;
ach tharraingeodh siad an t–éadach amach thar a gceann
is thiontódh siad a ndroim liom
lena bpleidhce beag ainglí, lena bpáistín fionn ...

dalta an tseandomhain spíonta seo
a chaitheas faoiseamh a fháil fosta ón tsolas róbheo.

CATHAOIR UILLINNE

Tá an chathaoir
i gcónaí
ar a cosa

Socair, sochmaidh,
socheansaithe

Ina seasamh linn
de shíor
gan sárú,

Ar a dícheall
ag tabhairt
sásaimh,

Amanta
ba mhaith léithe
suí síos,
a scíste
a dhéanamh,
na cosa a chrupadh
fúithi,
osna faoisimh a ligean
as adhmad cruaidh
a cnámh,
a huilleannacha
a thrasnú ar a chéile;
éisteacht le ceol na Coille
ina cuimhne;
meabhrú ar an Dia-Chrann
as ar foinseadh í.

Anois agus an cat
ag lí na gcos aici
mothaíonn sí
sú na Coille
ag sní aríst ina cuislí;
an ghaoth
ag slíocadh a géag-
Ar crith,
is beag nach bpreabann sí as a seasamh
le pléisiúr.

Ach mar is dual
do shearbhónta maith
coinneoidh sí smacht
ar gach mian;
iompróidh sí ar aghaidh
go righin, géilliúil,
stuama, seasta,
srianta

Nó go dtite sí
as a seasamh
lá inteacht
an créatúr bocht-

an créatúr bocht adhmaideach.

CLEOPATRA

Phóg sí beola fuara Antoine agus é ansiúd ina chorpán sínte.
Ar a glúine, cromtha os comhair Augustus, chaoin sí uisce a cinn.
Tá a cuid searbhóntaí ag cothú ceilge. Tá an dorchadas ag dlúthú.
Faoi bhratach na Róimhe tá na buabhaill ag búirthí is chan fhuil siad binn.

Isteach leis an fhear dheireanach a dtiocfaidh meath air faoi sholas a scéimhe;
Scafaire fir, cróga go smior. I gcogar lagíseal, déarfaidh sé, 'a stór,'
I do sclábhaí, siúlfaidh tú amárach, faoi shlabhraí, i gcaithréim Shaesair.
Óna muineál álainn, cuartha mar an eala, cha dtig cor nó glór.

Amárach tiocfaidh siad faoi ghleo agus faoi neart lena clann a chuibhriú.
Tá réim s'aici thart agus a reacht. Níl le déanamh ach an fear seo a ghriogadh
glan as a mheabhair. Ansin an nathair nimhe a chuachadh lena cíoch chrón
go fuarchúiseach, agus ansin, soraidh slán a fhágáil agus í ag síothlú ...

MAR A B'AINMHIAN LIOM

Soraidh libhse, a Chéilí Dé:
ba sibhse mise seal inné ...

Ach bhur malairt saoil
i mo dhánsa is cuí
is cé aerach guí
ar eiteoga ainglí
        na cráifeachta;
dual domhsa
a bheith abhcach,
        saol-cháidheach ...

Soraidh libhse, a Chéilí Dé
ar mo chéadphóg ón Bhé ...

AN GARRAÍODÓIR

Ag garraíodóireacht
a bhí sé
inné.

ag giollaíocht
an chrainn bhig
i ngarradh na Bé.

Chuir sé leas
le préamhacha
na feasa

agus taca
le stoc
na samhlaíochta.

Ghearr sé siar
an fás
fiáin foclach.

Réitigh sé
brainsí
na híomhaíochta.

Bhí sé faichilleach
le bachlóga
débhríocha.

Féach anois é
i bhfeighil
an fháschrainn,

ag feitheamh
is ag faire,
ag baint

deireadh dúile
de Éan beag
na Bé.

a bhainfeadh
ceol as a
chrann.

CUISLE AN CHAORÁIN

Ag siúl i ndiamhra an tsléibhe
thiar i dtreo na Beithí;
gan ceo ná beo ar a amharc ná ar a éisteacht
go dtí gur mhothaigh sé
i dtobainne, agus é ag trasnú
Abhainn Mhín a' Mhadaidh, mar a bheadh rud inteacht
ag borradh i mbéal a chléibhe.

Bhí sé i bhfianaise na Bé
ach ní i riochtaibh físe
ach mar a mhothaíonn madaidh áit uasal;
sin mar a mhothaigh sé
an Bhé lena thaobh
is teanntaíodh a aghaidh faoi mar ghearrfaí as criostal í,
cuireadh ciall ar saobh,

Is le gach spléachadh, bhí
an sliabh ag éirí suaithní.
Os ard bhí aoibh ghorm na spéire
ag drithliú le gáirí;
is earca luachra na báistí
ag sní a bhfionnuaire i dtriopaill a ghruaige
chomh saonta le páistí.

Bhí gach fuaim binnbhéalach,
bhí an ciúnas beo beitheach.
Mar bhogha ag port-thíriú fochaisí téad
d'éirigh as duibheagáin dhubha
a aigne, ceol lúth a ghutha,
a d'iompair ar shiúl é ar séad
go tír éigríochta na hÉigse.

Chrom sé agus phóg sé
plobar úscach an tsléibhe-
cíocha silteacha Bhríde, bandia na gcríoch, Bé:

deoch a bhí lena mhian;
lán de mhilseacht aduain,
a mheiscigh is a mhearaigh é gur mhothaigh sé
an croí beag ina chliabh,

ag craobhú agus ag síneadh,
ag leathnú amach
go meanmnach míorúilteach; ag lonnú sa tsliabh
agus a thaobhú mar chliabh.
Anois nuair a labhrann sé amach
i bhfilíocht, labhrann, mar nár labhair ariamh,
go macnasach, mórchroíoch ...

as croí an tsléibhe ...

AN LILÍ BHÁNDEARG

Bhí gach ní nite ina nádúr féin
          — Seán Ó Ríordáin

Siúlaim thart ar an tábla go mífhoighneach. Seasaim bomaite beag
     os coinne na fuinneoige
ag stánadh ar na crainn ghiúise ansiúd i nGarradh an Chuilinn
     ag croitheadh a gcinn
is ag luascadh a ngéaga i ngaoth bogbhinn ó ghualainn an tSoipeacháin.
     Ólaim bolgam tae.
Cuirim caiséad ar siúl, coinséartó cláirnéide de chuid Mozart, ceol
     lán de lúth agus de láthar.
Scuabaim an t-urlár, ním na soithí, tugaim spléachadh go tapaidh
     fríd fhoclóir an Duinnínigh;
Caithim seanleathanaigh leathscríofa isteach i dtinidh na cisteanadh
     agus mé an t-am ar fad
Ag cuartú na cuimhne, ag ransú na haigne, ag tóraíocht sa tsamhlaíocht,
     ag lorg briathra béal-líofa,
Focla a bheadh beacht, braitheach, beannaithe, briathra bithbheo
     a bhéarfadh brí agus beatha
do mo dhán, a dhéanfadh a shoiléiriú agus a thabhairt chun solais:
     tá an lilí mhór bhándearg
ansiúd sa tsoitheach chré, gan bogadh, ag breathnú go súilfhoscailte.

Caithim orm mo chóta. Deifrím amach go driopásach, casaim ar chlé
     ag Tobar na Coracha,
suas Bealach na Míne agus amach malaí chrochta Loch an Ghainimh
     go fíoruachtar na Malacha,
ach níl suí ná suaimhneas le fáil agam ó bhuaireamh seo na bhfocal.
     Pillim aríst ar an bhaile.
Tá an lilí san áit a raibh sí, suaimhneach, socair, seasta, séimh,
     tiontaithe i mo threo,
a ceann bláfar piotalach ag breathnú orm go ceanúil,
     ag beannú domh go stuama.

Stánann sí orm de shíor, gan an tsúil sin ariamh a chaochadh,
    gan amharc i leataobh;
súil ollmhór an cheana atá chomh tarraingteach, chomh lán de sholas
    le súil dhiamhair droichid.

An brú atá ormsa le mé féin a chur in iúl faoi scáth na bhfocal;
    níl aon ghá ag an lilí
lena leithéidí. Ní theastaíonn ealaín na bhfocal uaithi le í féin
    a nochtadh, a chur in aithne.
Is leor léithe a bheith mar atá sí, socair, suaimhneach, seasta,
    ansiúd sa tsoitheach chré.
Í féin a deir sí agus deir sí sin go foirfe, lena crot, lena cineáltas
    lena cumhracht, lena ciúnas.
Má shiúlaim róchóngarach dithe cuirim ar crith í, ar tinneall.
    Mothú ar fad atá inti
agus í ag breathnú agus ag braistint, ag ceiliúradh na beatha
    le niamh dhearg a hanama.
An é go bhfuil mé gafa i gciorcal draíochta an bhlátha seo, go bhfuil
    ciapóga ag teacht orm?
Ní hé go dteastaíonn uaim a bheith i mo lilí, cé go mbeinn sásta
    leis an chinniúint sin
in cé bith ioncholnú eile atá i ndán domh sna saoltaí romham amach.
    Níl uaim i láthair na huaire
ach a bheith chomh mór i dtiúin le mo nadúr daonna is atá
    an lilí seo lena dúchas lilíoch.
Níl uaim ach a bheith chomh mór i mo dhuine agus atá an lilí
    ina lilí-an lilí bhándearg.

CEANNÓGA

⚓

Suíochán uaim go géar-
 Ach ní ruaigfead an seangán seo
  romham ar an stól.

⚓

Brothall mochmhaidine-
 Aoibh na gréine ar an chiúnas
  ansiúd idir a cíocha.

⚓

Ar chlog an tseanchaisleáin
 Go hard os cionn Bhrisighella, ceathrú ...
  ceathrú chun na síoraíochta.

⚓

An caoradóir
 amharcann sé ar na cnoic
  fríd *binoculars*.

⚓

An fear is a mhadadh-
 baineann siad beirt taitneamh
  as crann atá ag sileadh.

DUINE CORR

Oíche Shathairn agus mé ag baint sú
as mo chuideachta féin, mar is gnáth,
anseo cois tineadh i Mín a' Leá-
is breá liom an t-uaigneas seo,
(cé acu i dtrátha nó in antráth)
a bheir cothú don chiúnas.

Ach cha cheadaítear domh
a bheith liom féin ar feadh i bhfad.
Scairteann cairde orm ar ball
a rá go bhfuil siad ar bís
le gníomh a dhéanamh láithreach.
Tá siad ag féachaint ar an teilifís:
cráite ag an ár agus an mharfach
atá ag gabháil ar aghaidh, thall,
i mBosnia agus i Serbia.

Chan fhuil barúil ar bith agam, faraor,
fá Bhosnia ná fá Serbia;
cé atá ciontach nó cé atá saor
nó cé hiad na treibheanna
atá ag troid is ag treascairt a chéile sa tír.
Ach le bheith fíor agus i ndáiríre
dá mbeadh an t-eolas seo agam go beacht
cha bheadh an t-am nó an taithí
nó rud is tábhachtaí, an neart
ionam, le haon chuid den mheascán mearaí seo
a réiteach is a chur ina cheart.

Níl aon ní is mó a theastaíonn uaim
ná fad saoil le suí anseo liom féin
i bhfad ó bhearna an bhaoil,
cois tineadh i Mín a' Leá

ag léamh is ag ól tae
is ag machnamh go teacht an lae
ar dhuanaire de dhánta Zen
ón tSeapáin is ón tSín.

Nuair a thiocfas cogadh chun cinn
sa tSeapáin nó sa tSín
lá is faide anonn
beidh mé anseo liom féin
mar is gnách
cois tineadh i Mín a' Leá.
Dhéanfaidh mé cupán tae
agus diaidh ar ndiaidh
léifidh mé le fonn
bailiúchán de dhánta grá
ó Bhosnia is ó Serbia.

CUIMHNE

Tá d'íomhá dealbhaithe ar chúl m'inchinne
 gan scleo uirthi ná ceo;
suite go teann i measc na n–íomhánna fanna,
 na n-íomhánna neamhbheo;
seasmhach i measc samhailteacha reatha,
 gan d'aois 'na luí uirthi
ach amháin aois do bheatha. Meall mór gnaíúil
 do ghnúise gan scáth,
dálta clog a stad maidin aoibhinn earraigh
 is nach mbogfaidh aríst
go brách, mo choinneáil slán i ré an tseanchais,
 in aois an airneáin,
i measc an tseaneolais, tráth a mbíodh gaois is greann
 ag teacht chun cinn gach lá
sna bailte fearainn, beag beann ar leabharthaí léinn,
 tráth a mbíodh comhrá
craicneach agus achomaireacht chainte ag sní
 as croí an chine gan dua;
sin sular cuireadh *value* úr ann lena choinneáil
 beo sa tsaol nua.
Tá d'íomhá dealbhaithe ar chúl m'inchinne.
 Domhsa, seo eochair
na hiarsmalainne, an ceirnín ar a gcluinim anois
 mo chuid seanchais, an liathán
lena dtiontaím talamh domasaí mo dhúchais,
 an íomhá a choinníonn
smacht agus stiúir ar na híomhánna bréige.

BRONNTANAS

nuair a gheobhas mé
bás
fágfaidh mé i mo dhiaidh

na seanbhróga leathair
seo
a cheannaigh mé

i naoi déag seasca ceathair
ag Aonach an tSamhraidh
ar na Croisbhealaí

Bróga Domhnaigh:
tá siad comh teolaí
le leabaidh de chlúmh gé

cuir ort iad, a thaiscidh
agus bain na bonnaí
as
le do bheo

go háiteacha
nach deachaigh mise
ariamh
leo

CAOIRIGH

I gciúnas na maidine bhí an tír ina mhachaire mhín
an stoirm síolaithe, an séideadh is an siabadh
suaimhnithe i ngile; gach bratóg sneachta
fite fuaite sa ghréasán úd, sa bhraillín bhogbhán úd.
Chaill muid na caoirigh a bhí amuigh ar na caoráin
nuair a ghéaraigh an stoirm chugainn gan mhothú
is chaith muid an mhaidin go cráite á gcuartú.

Thit stoirm shneachta ar mo dhúiche:
sneachta mín, marfach, múchtach,
cé geal é, ná creid ina ghile,
ná cuir do dhóchas i dtaiséadach;
ó bheinnse ag déanamh gairdeas croí
dá bhfeicfí ar an mhachaire bhán sin, ball buí
is go dtuigfí go raibh anáil an Ghaeil ag teacht aníos ina bheathaidh.

BLUES NA BEALTAINE

Ar maidin Dé Domhnaigh
Dúisím as mo chodladh
Chomh cráite le seanmhadadh
'Bheadh ite ag na dearnaidí.
Buideáil, *butts* agus boladh
Anseo is ansiúd fá mo leabaidh
Mar nach bhfuil tusa liom, a chroí,
'Do luí anseo le mo thaobh.
Tá tú ar shiúl leis an *chreep*
A bhronn ort an *Ferrari*.

Ar maidin Dé Domhnaigh
Gheibhimis na páipéirí i gcónaí:
Tusa an *Times* is an *Tribune*,
Mise na cinn le *Page Three*;
Is léimis iad sa leabaidh,
Stravinsky againn ar an *Hi-fi*.
Ach inniu, tá na páipéirí gan bhrí
Fiú amháin *page three*
Nuair nach bhfuil tusa ann a chroí,
Le iad a léamh leat sna blaincéidí.

Ar maidin Dé Domhnaigh
I ndiaidh babhta bheag suirí
Dhéanainnse an bricfeasta réidh;
Ispíní, toast agus tae
Is d'ithimis é sa leabaidh
Is muid ag pleanáil an lae;
Ach cén bhrí 'bheadh i mbricfeasta
Cén bhrí in ainm Dé
Is gan tusa anseo fosta
Le é a ithe i mo chuideachta.

Ar maidin Dé Domhnaigh
Dúisím as mo chodladh;
'Dhia, tá an teach seo folamh!
Ach féach! os cionn na tineadh
Tá seacht bpéire *panties*
A dhearmadaigh tú, a chroí;
Bán agus gorm, dearg agus buí,
Seacht bpéire *panties*, a chroí
Ag glioscarnaigh mar thuar ceatha
Domhnach dubh seo mo bheatha.

GORT NA gCNÁMH

Grief held back from the lips, wears at the heart …
-Adrienne Rich

GORT NA gCNÁMH
do Art Hughes

I

'Tá sé ag gabháil ó sholas, a ghirsigh,' a dúirt sé go gairgeach
    ar ball
amhail is dá bhféadfainnse cúl a choinneáil ar dhlúthú
    na hoíche.
A Dhia na Glóire, dá dtuigfeadh an dúlamán doicheallach
    sin thall
leath dá ndeir sé! Ach bhí m'athair ariamh dúranta agus dall,
an beathach brúidiúil! Istigh anseo ionamsa, i m'anam is
    i m'aigne tá sé ag gabháil ó sholas
le mo chuimhne. Seo anois mé ag leanstan lorg a spáide de
    choiscéim mhall
smug le mo shoc, scifleogach, ag piocadh preátaí faoi lom
    na gaoithe
agus eisean ag briseadh chraiceann tiubh na hithreach ar nós
    na réidhe
ag brú chun tosaigh go tíoránta, ag foscladh roimhe agus
    ina dhiaidh.
Amuigh anseo ar an lom, gan foscadh ón ghaoth nó díon ón
    fhearthainn,
ag giollaíocht an ghoirt seo, ag déanamh neamairt ionam
    féin lena linn.
Is iomaí lá de mo chuid allais ag an áit ainniseach seo, á leasú
    is á saibhriú;
is iomaí deoir ghoirt atá caointe anseo agam ach cha dtig
    a thart a shásamh.

II

Anseo a chaill mé mo bhláth; anseo i nGort na gCnámh a
    cuireadh mo dhóchas
i dtalamh. 'Tá cnámh maith sa talamh seo,' a deireadh seisean
    i dtólamh
agus é ag spíonadh na créafóige go santach idir a mhéara
    crúbacha.
As sin a d'ainmnigh mise domasach dhubh dheileoir seo an
    dóláis
gan ionam ach slip bheag girsí. Gort na gCnámh! B'fhíor domh
    go beacht.
Thug mé a raibh agam dó, mo chuid fola is mo chuid feola,
    mo bhabaí bocht.
Anois tá mé creachta. Tá mínte méithe m'aigne imithe i
    bhfiántas agus i bhfiailí.
Tchítear domh agus mé ag féachaint orm féin go bhfuil mé
    chomh garbhghéagach,
chomh tuartha le cailleach ghiúise i bportaigh riabhacha
    an gheimhridh.
Agus anuas ar an mhíghnaoi seo go síor, de lá agus d'oíche,
    ina thromluí
tá dorchadas díobhálach an éadóchais ag titim gan trócaire,
    gan traochadh.
Dorchadas atá níos míle measa, níos míle dlúithe ná
    an dorchadas a dhruideas
chugainn le teacht na hoíche ina thulcaí tiubha ó lomchnoic
    dhubha na Ceathrúna.

III

Eisean a rinne an t–éagóir. Eisean a tháinig idir mé agus suan
    séimh na hoíche;
idir mé, b'fhéidir agus coimirce Dé, cé gur réidh mo spéis
    sna déithe.
Cha raibh mé ach trí bliana déag nuair a réab sé geasa an
    teaghlaigh
is léim isteach i mo leabaidh. Oíche i dtús an earraigh a bhí ann, sé
    seachtainí
i ndiaidh bhás mo mháthara. (An créatúr gan choir, cha raibh sí
    in araíocht ag an tsaol
a leagadh amach dithe. 'Cuirfidh mise geall go ndéanfaidh mé
    an cailín Domhnaigh
a dhreasú asat, a chlaitseach gan úsáid' a deireadh sé léithe,
    ag ardú a láimhe
is á greadadh timpeall an tí. Eisean lena chuid ainíde a bhris
    a croí
is a d'fhág reaite, meaite, croite í sa chruth is nach raibh inti
    ach balbhán gan bhrí.
Créachta, mar dhea, a sciob chun na cille í sa deireadh is gan í
    ach anonn sna daichidí.
Ansin fágadh an péire againn i mbun an tí. Mise an t–aon
    toradh a bhí ar a bpósadh.)
Shleamhnaigh sé chugam faoi choim na hoíche is gan tuinte
    air. 'Dheaidí, Dheaidí, caidé atá tú 'dhéanamh'?
Stiall sé mo ghúna beag gorm glan ó mo chorp agus mé leath
    'mo chodladh.

IV

Ansin bhí sé 'mo mhullach, ag slóbairt is ag slogaireacht,
    ag cnágáil is ag cuachadh,
fionnadh fiáin a bhrollaigh i bhfostú i mo bhéal agus é sáite
    ionam, ag rúscadh
mo bhoilg, mo ghearradh is mo ghortú lena rúta righin
    reamhar go bhfuair sé a shásamh.
Amach leis ansin agus mise, gach scread chráite chaointe agam,
    caite 'mo stolp ar an leabaidh
ag stánadh ar na réaltógaí is iad ag spréachadh mar choinnle
    coisricthe i dtigh tórraidh.
Agus thigeadh sé orm, chan amháin san oíche ach i lár an lae,
    a bhod ag broidearnaigh ina bhrístí
agus mar a dhéanfá le sac preátaí, d'iompraíodh sé leis chun
    an sciobóil mé nó chun an bhóithigh.
Spréadh sé ansiúd sa raithneach mé faoi scáth an chlaí,
    agus anseo ar an lom i nGort na gCnámh
scaip sé a chuid síl i gcréafóg mo bhroinne. Bhí mé go hiomlán
    faoina lámh.
In aois mo sheacht mbliana déag bhí mé ag iompar linbh
    a gineadh go mallachtach;
m'athair an t-athair is cha ligfeadh an náire domh an scéal
    a sceitheadh.
Cha raibh fhios ag na comharsanaí nach ag titim chun méachain a
    bhí mé. Bhí
nadúr na feola ariamh i mbunadh mo mháthara agus cha dtearn
    mise iad ní b'eolaí.

V

Oíche i ndeireadh an fhómhair a bhí ann agus mé i mbéal
    beirthe;
anuas liom anseo le mo leanbh a shaolú, gan d'fháiltiú
    roimhe
ach stamhladh gaoithe ag séideadh ó chúl na
    Malacha Duibhe.
Anseo a rugadh mo bhabaí, gan de bhean ghlúine ach seanbhitseach
    mhadaidh
a ligh is a dhiúl mo chuid fola is a d'ailp siar salachar na breithe.
Agus na réaltóga ag dó is ag deargadh mar chocaí cocháin
    ar thinidh
i gconlaigh ghlas fhuar na spéire, rinne mise fómhar beag mo
    bhroinne
a mhúchadh le mo mhéara marfóra is dá mbeadh gan smid teanga
i mo cheann cha choinneofaí cúl ar an scread a fáisceadh
    asam i dtobainne
nuair a sháigh mé i bpoll é, san úir úrlom, anseo idir claí agus clasaidh.
Agus d'fhan mé anseo mar nach raibh mé ábalta m'aghaidh
    a thabhairt orm féin
chan amháin ar an tsaol. Cha raibh romham ach lom
    agus leatrom an léin,
ag síneadh chun na síoraíochta chomh slogthach le poill bháite
    an tSeascainn.

VI

Agus cá háit a rachainn, mise nach raibh níos faide ó bhaile
    ná Leitir Ceanainn.
Cha raibh sé de mhisneach nó d'acmhainn agam imeacht liom
    i mbéal mo chinn
is gan a dhath ar chúl mo láimhe. Ba chuma cá rachainn
    bheinn i ngéibheann.
Bhí soilse mo shaoil curtha as is eochair an dóchais caillte
    sna dreasóga.
Anois tá cúig bliana fichead de bheith ar báiní le mearadh nó
    marbh le taomanna lagbhrí
curtha díom agam; cúig bliana fichead de bheith ag siabadh
    gan treoir nó sínte gan treo.
Cha dtáinig scafaire breá de chuid an tsléibhe ariamh le mé
    a bhréagadh
is char luaidheadh mé le fear cothrom céillí a dhéanfadh mé
    a shaoradh
ó láthair seo an áir. Ach bhagair mé eisean le mionnaí móra
    is le mallachtaí.
Bhagair mé scian na coise duibhe air a iompraím de lá
    agus d'oíche
is atá coinnithe i bhfaobhair agam le fuath is dá leagfadh
    sé lámh orm choíche
aríst, a dúirt mé leis go neamhbhalbh, chan imeodh
    sé lena bheo,
agus ó shin tá muid ag dorchú ar a chéile agus beidh
    go deireadh is go deo deo.

VII

Anois agus soilse beaga sochmhaidh na hoíche á lasadh i dtithe
    teaghlaigh
i bhFána Bhuí, ar an Cheathrúin, i gCaiseal na gCorr is beag
    nach mbriseann mo chroí
le cumhaidh; ach seo mé ag piocadh liom ó dhruil go druil, síos
    agus aníos go tostach
ag coinneáil m'airde ar rithim bhuile na spáide. Mothaím
    trom torrach
leis an tocht atá á iompar agam gach uile lá beo, tocht dorcha
    dochiallach
ag lorg urlabhra. Ba mhór an méadú misnigh domh dá
    bhféadfainn
an brú seo a gineadh i mbroinn m'aigne a ioncholnú
    i mbriathra, a thabhairt slán.
Ach nuair a fhosclaím mo bhéal lena shaolú, lena scaoileadh
    saor, i dtólamh
théid sé i bhfostú i mo sceadamán, stiúcann sé
    ar mo theangaidh,
agus cha saolaítear ach marbhghin gan mhothú agus théid sé
    i dtalamh
anseo idir claí agus clasaidh, gan de chloch cuimhne os a
    chionn lena chomóradh
ach grág préacháin nó gnúsachtach madaidh nó gíog
    ó spideoigín beag fán;
ach ó shaobh an chinniúint a súil orm sílim gurb é
    sin mo dhán ...

SCARADH

Every book of poetry is a book of farewells and dismemberings.
-Marina Tsvetaeva

SAMHAIN 1976

Áit inteacht idir an Strand agus Soho Square
a casadh orm é, mé amuigh ag déanamh aeir.
A shúile suáilceacha, thuirling siad orm sa tsráid
chomh haerach le dhá fheileacán agus mé ag gabháil thar bráid.
Thug siad an samhradh leo isteach sa gheimhreadh.
Ansin i dtapú na súl bhí siad ar shiúl, slogtha sa tslua.
Mór an trua, thug mé cion daofa láithreach agus taitneamh.

Char casadh orm é ní ba mhó. D'imigh sé le haer an tsaoil.
Lig mé d'aisling an aoibhnis imeacht i mbéal na séibe
agus fios agam go bhféadfaimis bheith inár gcairde gaoil.
Ó shin tá cathú dochloíte orm i ndiaidh a scéimhe.
Cuartaím an aghaidh sin i ngach aghaidh dá ngráim;
an tsiúráilteacht shéimh sin i ngach súil dá ngrinnim
ach oíche ná lá níl a mheá le fáil is ní bheidh go brách ...

         Mar an té úd dob fhinne
dob áille gné, ba i naoi déag seachtó sé a casadh orm é;
agus 'sí a óige dhiaga, an lasadh ina ghrua, an snua ina ghéaga
a lorgaím, a shantaím go síoraí agus ní buan dá leithéidí
ach amháin i mo bhrionglóidí ...

SAMHAIN 1984

Ach gurb é do shúil ghorm ghlé
Ní shoilseodh i nduibheagán na hoíche
    spéir an mheán lae.

Ach gurb é do lámha beaga bláfara
Ní chorródh choíche ar mo ghéaga
    toradh chomh cumhra.

Ach gurb é salann do chuid allais
Ní chuimleodh bog-ghaotha ón tsáile
    le croí seo an dóláis.

Ach gurb é fuiseoga do phóga
Ní neadódh i bhfiántas mo chléibhe
    na suáilcí diaga.

SAMHAIN 1994

Anocht agus mé ag meabhrú go mór fá mo chroí
Gan de sholas ag lasadh an tí ach fannsholas gríosaí
   Smaointím airsean a dtug mé gean dó fadó agus gnaoi.

A Dhia dá mba fharraige an dorchadas atá eadrainn
Dhéanfainn long den leabaidh seo anois agus threabhfainn
   tonnta tréana na cumhaí anonn go cé a chléibhe ...

Tá sé ar shiúl is cha philleann sé chugam go brách
Ach mar a bhuanaíonn an t-éan san ubh, an crann sa dearcán;
   go lá a bhrátha, mairfidh i m'anamsa, gin dá ghrá.

UAIGNEAS

Agus tonn teaspaigh ag rúscadh do cholainne
tchínn an bradán ag léimtigh ionat
agus fionnadh do bhrollaigh ag bogadaigh mar fheamainn.

Anois tá achan oíche níos faide ná a chéile,
níos uaigní, ach anuraidh agus bruth d'anála
ina ghála i mo chuid gruaige ...

MAOLÚ

Tá an ghealach ina suí os cionn na Beithigh agus í
liathbhán agus leibideach, ag caitheamh míghnaoi
a gnúise ar thír tharnochta mo shamhlaíochta ...

A chroí, nuair a thig maolú ar fhaobhair an phléisiúir
tá a mhaith tugtha, tá sé chomh mí-úsáideach
as sin amach le lann meirgeach rasúir ...

SLÁN

Seanlitir stróctha á léamh agam, aríst
agus aríst eile go dtéann sé ó sholas.
Tig loinnir gealaí isteach faoin doras.

CRÉ NA CUIMHNE

Agus ach gurb é gur chan mé thú i mo dhán, a dhuine,
rachadh d'ainm i ndíchuimhne . . .

1

Amuigh ansiúd i mbéal an uaignis
ag leanstan lorg a shinsear go dílis;

Ag dreasú caorach, ag beathú eallaigh,
ag mairstean go dtiocfadh an bás.

Mar mhadadh ag cur car i gcaoirigh
is iomaí mairg a bhain an saol as

Ach bhí sé i dtólamh suáilceach, lán de chroí
"is beag ár sáith agus is gairid ár seal

Agus níl a dhath is deise na gáire geal",
adeireadh sé, mé 'mo shuí ag baint taitnimh

As an eatramh ghréine a thigeadh ina aghaidh
idir ceathaideacha pislíneacha a chuid cainte;

Stothóg fionnaidh ag gobadh as a léinidh
comh liath le broc ag gabháil i dtalamh;

Boladh nádúrtha a cholainne chomh teolaí
leis an easair úrluachra a leagadh sé gach lá

Ar urlár an bhóithigh. "Tchí Dia, cha dtig leis na ba
ach oiread linn féin luí ar an leac liom."

2.

Mar thréadaí, bhí aithne cinn aige ar na caoirigh
agus iad ainmnithe go cruinn aige as a dtréithe;

"Raimsce na Coise Duibhe, Peata Abhainn an Mhadhaidh
Bradaí an Leicinn Bháin agus Smiogadán na hAitinne",

Ainmneacha a sciorr as altán a bhéil comh héadrom
le héanacha an tsléibhe ag éirí as dos agus tom.

"Na bí lom leis na caoirigh is cha bhíonn na caoirigh
lom leat", adeireadh sé liom i dtús an gheimhridh

Agus é ag tabhairt ithe na glaise daofa ar na híochtair
nuair a bhíodh an t-iníor feoite ar na huachtair.

3.

Bhí sé i gcónaí deaslámhach i mbun a ghnaithe, díreach
agus néata. Agus cocaí na gcomharsan cam agus ciotach

Shín a chuidsean i línte ordúla comh teann le dorú.
Bheartaigh sé a chuid cróigeán ar bhlár an chaoráin

Amhail is dá mba clár fichille a bhíothas a shocrú.
Bhí a charabhat Domhnaigh comh righin le bata draighin.

Agus é ag tabhairt bheairdí ar seo, bheairdí ar siúd,
tharraingeodh sé go haicseanta as cruach na cuimhne

Scéalta comh cumtha ceapaithe le sopóg chocháin;
Ó shin tá me á muirliú is á n-athchognadh i m'aigne.

Dálta na sreinge deilgní a bhí timpeall a gharraidh
bhí a chuid orthaí cosanta á chrioslú i gcónaí:

Bratóg Bhríde agus Créafóg Ghartán fuaite i gcoim a bhrístí
lena chuid bheag den tsaol a chosaint go colgach

Ó bhaol agus ó bhradaíocht na dúchinniúna,
a dhéanfadh foghail, ach seans a fháil, ar cheapóg a bheatha.

Ach in ainneoin a dhíchill dhéanfaí slad air go tobann:
chaillfí bó leis i ndíog; d'fhágfaí é gan phingin, gan bonn

An t-am a dtáinig na tincléirí chun an tí is é ar Aifreann
agus d'imigh lena raibh ann. Le gaoth shéidfí a chuid stucaí as cuibhreann

Isteach i gcuid na comharsan, fear nár bheannaigh dó le blianta.
Ach sháraigh sé gach lom, gach leatrom, lena gháire mór cineálta

A d'éirigh ar íor a shúl is a spréigh anuas go solasta
thar leargacha a leicne, á n-aoibhniú le gnaoi;

Agus nuair a d'fiafróchainn dó caidé mar a bhí rudaí
deireadh sé, "buíochas le Dia, tá mé ag mún, ag cac is ag feadalaigh".

Má tháinig taom teasbhaigh air ariamh
ina leabaidh aonair nó in uaigneas na gcuibhreann

A dhrúisigh an croí ina chliabh
is a rinne reithe geimhridh den fhear ann

Char chuala mé faoi. Bhí sé faiteach le mná
is cha n-úsáideodh sé an focal "grá"

Go brách ach oiread is a chaithfeadh sé a lámha
thart ar fhear eile i mbráithreachas;

Is má shlíoc sé a dhath níos sochmaí
ná droim madaidh agus é ag bánaí leis cois teallaigh;

Is má chuaigh sé gabhalscartha ar a dhath níos boige
ná ceathrúna loma caorach agus iad á lomadh aige

Bheadh iontas orm. An síol a scaip sé lá dá shaol
chan ar ithir mhéith mná a thit sé

Ach ar dhomasach dubh an tsléibhe a dhiúl
sú na hóige as a chnámha gan a dhúil a shásamh . . .

6.

"Tá mé anseo ag caitheamh an tsaoil
is an saol ár gcaitheamh is baol",

Adúirt sé liom ar mo chuairt dheireanach;
stamhladh gaoithe ó Mham an tSeantí

Ag tógáil luaithe ar fud na cisteanadh;
é rite as anáil, a chnámha ag scamhadh.

Lá béalcheathach amach san Earrach
é sínte i gcónair agus muid á fhaire;

É sínte amach chomh díreach le feagh
i gculaith Dhomhnaigh is a ghnúis mar leanbh;

Dúirt bean dá ghaolta agus í á chaoineadh
"bhí a bheo chomh díreach lena mharbh."

7.

Féach anois mé ag sléachtadh anseo roimh leathanach
atá chomh bán leis an línéadach a leagadh sé amach

Do theacht an tsagairt agus ar an altóir bhocht thuatach seo
ceiliúraim le glóir an bhriathair a bheatha gan gleo

Is cé nach mbeidh béal feara Éireann á mhóradh go deo
i gcré seo na cuimhne coinneochaidh mé glaine a mhéine beo.

SAMHRADH

Mar is gnách, deifríonn an mhaidin tharainn . . .
buachaill aerach agus an ghrian caite siar
thar a ghualainn aige comh neafaiseach le liathróid trá.

GRÉASÁIN

1.

Chonaic mé gréasán damháin alla inné
gléasta ansiúd i gcíb an chaoráin
is an fiodóir ina líonta gaiste ag faire
go réidh i gcúngraíocht a dhomhain.

Óna sheacht sinsear deonaíodh dó mar uacht
gnáthúlacht meoin gréasánsaoil;
Ríomhann a chrúb mar sheismeagraf, cumhacht
gach corraí i dtír an bhaoil.

Is chonaic mé an fiodóir ag fiosrú a théada
ag tnúth le treasaíocht
tar éis domhsa a bpriocadh le fáilíocht méar
ach dósan níorbh eol méardholbacht;

Óir níor chorraigh ariamh ina dhúchas fuinte
ach cuileog, deor agus gaothbhaol;
is níor lorg ariamh an fiodóir ach fiodóirsmaointe
is níor samhlaíodh dó ach gréasánshaol.

Is níl sa tsaol taobh thall dona thaithí sinsearach
ach suaithníocht éigiallta;
Is chonacthas domh ag siúl thar bráid i mo scáth arrachtach
gur mar dhiamhaireacht shaolta,

A braitheadh mé i bhfiochánshaol an fhíodóra:
bhí mo mhéara diamhair dá réir
cionn is nár cothaíodh riamh ina mheon iompartha,
ina mheabhair, réamhcheap mo mhéar.

2.

Smaointigh mé ar ball ar mhionchealla na fola
ag sníomhachán ionamsa mar dhamháin alla;
cealla mioneagna a mbeinnse i bpoll cille
d'uireasa a gcuid friothála,

D'ainneoin go rabhadar dall ar an duine iomlán
ach dálta ghréasán an fhíodóra
Do bhí mise acusan i mo ghréasán ceimiceach
As a dtuigfidís tuar gach anró.

3.

Is taibhsíodh domhsa ansin an iliomad domhan
An frídín, and bheach, an seangán;
beo ionaid éagsúla, gach aon de réir a mheoin,
teoranta ina ghréasán.

I ngréasán ag faire is áitreamh don duine,
gréasán righin a reasúin;
Is ní meabhair leis an sáitheadh rúnda gan choinne
i gcúngraíocht a phríosúin . . .

DRÉIMIRE

Aréir agus é 'na luí ar a leabaidh
chonacthas dó i dtaibhreamh
go raibh sé ag dreapadh
suas céimeanna crochta
na Síoraíochta chun na bhFlaitheas
ar thóir drithleog den tSolas –
aibhleog dhearg amháin
ó chraos tintrí na hEagna Síoraí
agus chonacthas dó go raibh aingle
ina mbuíonta lasanta mar choinnle
iad uilig ar dhealramh a chéile
deasaithe in éideadh bhán
ina seasamh ina éadan
go díbhirceach, díoltasach,
a choinneáil amach
ó theallach an tSolais;
chonacthas dó go raibh bruíon ann
agus bualadh, griosáil agus greadadh
sa chruth gur fágadh báite
ina chuid fola féin é sa deireadh
ag lí a chréachtaí
is ag géilleadh dá gCumhachtaí
agus é ag teitheadh lena bheo
scaoth sciathán á thionlacan
amharc amháin dá dtug sé ina dtreo
chonaic sé nach fuil a bhí ag sileadh leo
ach sobal soilseach, bán,
mar a bheadh an cúr a gheofá ar shruthán

Ar maidin agus é ag amharc amach
ar an gharradh chonaic sé dréimire
'na seasamh le crann
agus ag sciathánaíocht os a chionn
dhá fheileacán déag;
Ar an talamh bhí deora dé
scaipithe sa drúcht.

[87]

DO ENDA

Tig deora liom chomh réidh
le cith seo na báistí

scamall mé i gclúidíní

síleann siad go n-éiríonn
an ghrian i mo gháire

is go dtéann an ghealach
a luí i mo bhrionglóidí

spéir mé spréite ar fud an tí

Is é mo dhán
agus mé ag lámhacán

lean do ghaosán go réidh
is tiocfaidh do thóin i do dhiaidh

NÓTAÍ

NÓTAÍ

Tá na dánta sa chéad roinn seo, *Na Buachaillí Bána*, scríofa faoi scáth C.P. Cavafy (1863-1933), mórfhile Gréigise na haoise seo, file nár chlaon ariamh óna rún ach a thug teangaidh neamhbhalbh ina chuid dánta do "ghrá na nGréag". Chaith sé bunús a shaoil in Alexandria na hÉigipte agus is ann a d'éag sé i 1933. "A Greek gentleman in a straw hat, standing absolutely motionless at a slight angle to the universe" an chuimhne a ba bhuaine a bhí ag E.M. Forster ar Chavafy de réir tuairisc a thug sé ar an fhile ina leabhar aistí, *Pharos and Pharillon*, 1923. Ó bhí mé sna déaga, tá dáimh agam le dánta Chavafy. Tá siad ag teacht le mo thaithí shaoil féin ar shearc na bhfear óg.

Tá na dánta seo bunaithe, a bheag nó a mhór, ar smaointe agus ar shamhailteacha ó shaothar Chavafy. Ach ní mó ná go raibh na smaointe sin agus na samhailteacha sin cruinnithe i mbroinn m'aigne nuair a d'athraigh siad a gcruth; nuair a d'éiligh siad go saolofaí iad faoi chló eile. Tá súil agam gur claochló cruthaitheach a tharla agus gur éirigh liom spiorad na Gréigise a thabhairt chun an tsaoil i gcolainn seo na Gaeilge.

Macasamhail an Eargail, tá Cavafy liom i gcónaí, socair seasta i gcúl mo chinn, a scáile ag síneadh de lá agus d'oíche thar leathanaigh mo shaoil is mo shaothair.

⚓   ⚓   ⚓

Tá dornán dánta sa dara roinn, *I bhFianaise na Bé*, gur aithris iad ar dhánta iasachta. Chan aistriúcháin atá iontu ach aithriseáin. In sa mhéid sin déarfainn go dtáinig mé faoi anáil Robert Lowell. "I believe that poetic translation – I would call it an imitation – must be expert and inspired, and needs at least as much technique, luck and rightness of hand as an original poem."

Bhí rud inteacht sna bundánta a spreag mé – líne chigilteach, b'fhéidir, nó smaoineamh corraitheach nó íomhá as an choitiantacht. Bhí sé de chuspóir agam, dálta Robert Lowell, dán úr a chumadh as cibé mianach sa bhunleagan a mheanmnaigh m'aigne; dán beo beitheach a mbeadh sé de mheabhraíocht ann seasamh ar a chosa féin go múiníneach agus a aghaidh a thabhairt ar an tsaol go nádúrtha i nGaeilge. Tá dánta ó theangacha iasachta anseo. Níl na teangacha seo ar m'eolas a bheag nó mhór ach thuig mé ó na dánta – i mBéarla a léigh mé iad – go raibh siad ag teacht as na foinsí céanna inspioráide a bhfuil tarraingt agam féin orthu. Tá mé faoi mhórchomaoin ag na filí seo a leanas a mhalartaigh a gcuid braistintí liom agus a thug spreagadh agus sólas domh sa dorchadas. Gúrú maith agaibh.

Duine Corr agus *Bronntanas* i gcead don fhile Seirbeach, Nebojsa Vasovic;
Cuimhne agus *Caoirigh* i gcead fhile Gáidhlic, Ruaraidh Mac Thómais;
Cleopatra i gcead don fhile Rúiseach, Anna Akhmatova.

Tá mé buíoch de Roberto Deidier, file Iodálach a thug spreagadh domh *An Duibheagán* agus *Scread Mhaidine* a scríobh. Bhí mé ag comhoibriú leis i gceardlann aistriúcháin, ag iarraidh leaganacha Gaeilge a dhéanamh dena chuid dánta ach theip orm go huile agus go hiomlán teibíocht na hIodáilise a thabhairt trasna an duibheagáin. Ach thug an comhrá, a chuideachta agus a chuid dánta spreagadh domh leis na bundánta seo a scríobh.